STÄDTE IN DEUTSCHLAND

WISMAR

W I S M A R

FOTOS MANFRED HAMM

TEXT KLAUS-DIETER HOPPE

NICOLAI

Satz: Nagel Fototype
Lithos: O.R.T. Kirchner + Graser
Alle Berlin
Druck und Bindung: Druckerei Uhl, Radolfzell am Bodensee
Historische Abbildungen: Stadtgeschichtliches Museum Wismar

Printed in Germany
ISBN 3-87584-351-7

WISMAR

»Die Dominante ›Backsteingotik‹ gibt noch immer, wie vor vielen Jahrhunderten, der Stadt Charakter und Würde. Ein unermeßliches, nicht mehr errechenbares Viel von Ziegelsteinen ist hier in wundervoller Gesetzmäßigkeit gehäuft und gestapelt zu drei gotischen Hochkirchen, die gegenüber dem bescheidenen Kleinhausgewirr etwas Überwältigendes bieten.« Dieses niederschreibend hatte die Grafikerin Sella Hasse die »gotische Ecke« Wismars vor Augen. Stand man damals vor dem Amtsgericht, die wuchtige, im Grundriß kreuzförmige Baumasse von St. Georgen im Rücken, zur Rechten die Renaissance-Terrakotten des Fürstenhofes und vor sich hochaufragend die Marienkirche mit ihrer markanten Turmgliederung und den an überdimensionale Spinnenbeine erinnernden Strebepfeilern über den Seitenschiffen, so wurde man sicherlich vom Backstein schier erschlagen. Doch damit nicht genug. Rings um sie, die Ratskirche, lagen die anderen Kleinodien mittelalterlicher Baukunst malerisch gruppiert; die Kapelle St. Marien zur Weiden, die »Alte Schule« mit ihrer filigranen Ornamentik aus rot und dunkelgrün glasierten Ziegeln, die Pfarre zu St. Marien und das Archidiakonat, auch Kapellanei unserer lieben Frauen genannt. Heute – die Georgenkirche zwar als Ruine noch von beeindruckender, düsterer Kompaktheit – gähnt hinter dem Marienkirchturm die Leere eines blechüberquellenden Parkplatzes, ist lediglich an der Sargmacherstraße vom Archidiakonat ein sorgsam an der Außenhaut restaurierter Zweidrittelrest geblieben. In einer einzigen Nacht wurde diese Pracht zerstört. Millionen, in mühevoller Handarbeit geformter, sechshundert Jahre alter Klosterformatsteine zerfielen zu Staub. Keiner kann genau sagen, ob es zwei oder gar fünf Luftminen waren, die in der Nacht vom 14. auf den 15. April 1945, wenige Tage vor Kriegsende, gezielt auf beide Kirchen geworfen wurden. St. Jürgen brannte vollständig aus. Die Schiffe der Marienkirche, die Kapelle und die Pfarre wurden stark beschädigt. Die »Alte Schule«, ein Prachtstück hochgotischer Architektur, verschwand nach einem Volltreffer ganz von der Bildfläche. Vieles sollte noch folgen. Später wurde mancher Rest Opfer von Ignoranz, Unvermögen und Unkenntnis. Zu Anfang der sechziger Jahre hatte die Abrißwut sich ausgetobt. Nur noch der Turm der Marienkirche ragt als einsamer mahnender Finger in den Himmel – ehemals Teil einer Kunst gewordenen, Generationen überbrückenden Idee.

Wismar hat viele Gesichter. Es hat sich trotz widriger Zeitläufte Unverwechselbares erhalten, hat auch in einer Zeit, als mit den Abrißbaggern neue Wunden geschlagen wurden, sich urwüchsigen Charme bewahrt. In der Saison voller Menschen, laut, hektisch und fröhlich, nach Abzug der Touristenscharen fast verträumt und romantisch, hat es viel zu bieten für den, der Augen hat zum Schauen. So ist der Geist der Jahrhunderte noch allgegenwärtig, legt die Stadt auf Schritt und Tritt Zeugnis ab von Aufstieg, Größe und Niedergang, spiegelt sie Handwerkerkunst und Bürgerstolz, läßt Weltgeist und Provinzialität nebeneinander liegend erahnen, ist sie in Plan und Anlage Teil des großen, das gesamte Nordeuropa umfassenden Werkes wagemutiger Seefahrer, das vor acht Jahrhunderten Seehandelsplätze zu Städten werden ließ.

Der heutige Wismarer Stadthügel erhebt sich aus einer weitläufigen Sumpfniederung, unmittelbar am südlichsten Ausläufer der hier tief ins Land einschneidenden Wismarbucht. Natürlicher Schutz, nicht nur für die Ankergründe der Seefahrer durch die vorgelagerte Insel Poel, sondern auch durch das unwegsame Umland, und guter Baugrund boten hier beste Siedlungsvoraussetzungen für Kolonisten. Handel braucht Partner. So dürfte es nicht allein diese günstige topographische Lage gewesen sein, die den Kaufmann anzog. Nur fünf Kilo-

Wismar von Nordwesten, um 1595.
Kolorierter Kupferstich aus Braun/Hogenberg,
Urbium praediparum mundi theatrum quintum, Köln 1598

meter südlich befand sich nämlich die Mecklenburg, zu diesem Zeitpunkt bereits jahrhundertelang Hauptort und Stammeszentrum der slawischen Obotriten. Und, das ist wichtig für reibungslosen Warentransport, dieser Platz war mit der Wismarbucht durch einen Wasserlauf verbunden. Jener ist es nun, von dem die spätere Stadt ihren Namen erhalten hat. Er tritt begrifflich im Jahre 1167 als Wissemara genanntes Wasser bei der Festschreibung der Ostgrenze des Bistums Ratzeburg erstmalig in die geschichtliche Zeit. Ob es zu diesem Zeitpunkt hier bereits eine Kaufmannssiedlung gegeben hat, wissen wir nicht. Wir wissen nur, daß es 1209 einen Seelandeplatz gegeben haben muß, denn für dieses Jahr ist schriftlich überliefert, daß Kaiser Otto es den Schwerinern ausdrücklich gestattet, in einem Wissemer genannten Hafen zwei Koggen und eine beliebige Anzahl kleinerer Schiffe zu halten und zu betreiben; und zwar nachdrücklich zum Zwecke des Handels. Aus dieser »Keimzelle« hat sich dann das entwickelt, was wir heute die Stadt Wismar nennen. Nichts anderes besagt nämlich die Bezeichnung »Bürger Wismars«, die Fürst Johann von Mecklenburg in einer Urkunde aus dem Jahre 1229 gebraucht.

Die explosionsartige Entwicklung der Städte im Kolonisationsgebiet im 13. Jahrhundert hing, in den Zusammenhang gesamteuropäischer wirtschaftlicher Konjunktur gestellt, in erster Linie von ihrem Vermögen ab, sich in den hansischen Fernhandel einzuschalten. Hierzu bot rein technisch der Wismarer Hafen gegenüber den Flußhäfen anderer Städte beste Voraussetzungen, denn er blieb weitestgehend von Versandung verschont, und der Weg zur offenen See war kurz. Auch der Fürst, der Landesherr, spielte mit. Die Erweiterung des Einflußgebietes seiner Stadt brachte ihm nicht geringe Einkünfte. So erteilte er den Wismarern und ihren Handelspartnern großzügige Privilegien. Das Gemeinwesen prosperierte, und schon 1250 hatte es mit der Angliederung der Neustadt die Ausdehnung erreicht, die es bis zum Ende des 19. Jahrhunderts beibehalten sollte. Johann, dieses erkennend, verlegte flugs, 1257 ist es gewesen, seine Residenz von der alten, unmodernen, den Moder der Jahrhunderte atmenden Mecklenburg nach Wismar. Während dieses erblühte, geriet jene in Vergessenheit. Lediglich der imposante Ringwall und der Name als der des Fürstenhauses und später der des ganzen Landes blieb. Neuerdings, durch Bindestrich mit Vorpommern geeint, wieder ein Land in föderativen Strukturen.

Der Reichtum des platten Landes bestand in seinen fruchtbaren, für den Getreideanbau hervorragend geeigneten, Böden. Diese Frucht in den Ostseehandel einzubringen, war das Bestreben vieler. Auch das begehrte Lüneburger Salz, das in enormen Quantitäten von Wismar aus auf den Seeweg gebracht wurde, zog die begehrlichen Blicke anderer, besonders einer Stadt, auf sich. Hier ist es nun an der Zeit, einmal zur westlichen Nachbarstadt an der Trave zu schauen. Gemeint ist Lübeck, das Haupt, ja die Mutter der Hanse genannt; groß und mächtig, Führerin des Bündnisses während des gesamten Mittelalters bis hin zu dessen Niedergang. War diese Stadt auch steter Förderer der Bundesgenossen? Mitnichten! Die Hanse ist immer nur ein »handelspolitisches Eventualbündnis für den Notfall« gewesen, wie es Klaus Friedland einmal so treffend sagte. Jeder strebte danach, ausschließlich seine Handelsinteressen durchzusetzen. Nur das zur Verfügung stehende Kapital, die wirtschaftliche Macht, setzte im Umgang der Mitglieder untereinander die Maßstäbe. Wismar bekam dieses recht bald zu spüren. Die Lübecker, bedeutend kaufkräftiger als sie, dehnten ihren Grundbesitz bis in den fruchtbaren Klützer Winkel, ja sogar auf die Kornkammer dicht vor der Wismarer Haustür, die Insel Poel, aus. Als eigenes Aufkaufgebiet blieb lediglich das südwestliche Mecklenburg, denn die Rostocker spielten im Osten ein ähnliches Spiel. Flüsse wie Trave und Warnow zur Erschließung des weiteren Hinterlandes standen nun einmal hier nicht zur Verfügung. In dieser Situation taten die Wismarschen das Klügste, was sie tun konnten, sie exportierten nicht mehr den Rohstoff Getreide, sondern sie veredelten ihn im wahrsten Sinne des Wortes zu einem edlen Tropfen. Wismarer Bier war über die Landesgrenzen hinaus weit gerühmt und beliebt bei jedermann, vorausgesetzt er konnte es sich leisten, denn es war ein Luxusartikel und galt als Statussymbol. Bier wurde nämlich zu dieser Zeit überall gebraut, denn es spielte eine große Rolle als Grundnahrungsmittel. So ist es nicht verwunderlich, daß wir die Wismarsche Produktion auf der Tafel Bremer und Hamburger Senatoren ebenso nachweisen können wie bei Festen kirchlicher Würdenträger und weltlicher Fürsten und daß es genußsüchtigen Nonnen und Mönchen gleichermaßen mundete. Salz und Bier brachten also Geld herein. Der Wohlstand wuchs. Handwerk und Gewerbe verzeichneten eine gute Auftragslage. Im Jahre 1350 wütete, wie schon so oft, in der noch zu großen Teilen aus Holzbauten bestehenden Stadt ein Brand. Diesmal aber so gründlich, daß kaum etwas blieb, so daß nicht nur alle pergamentenen Urkunden mit dem Nachweis erhaltener Privilegien ein Opfer der Flammen wurden, sondern auch sämtliche städtischen Siegelstöcke, unentbehrlich für jegliches Rechtsgeschäft, vernichtet worden sind. Ein Umstand, der uns neben dem altehrwürdigen, archaisch anmutenden Abdruck des Koggensiegels aus dem 13. Jahrhundert ab 1354 ein neues, ein kleines, hochgotisches, ebenfalls die enge Verbundenheit Wismars mit der Seefahrt symbolisierendes Kunstwerk bescherte. Um die Wiederholung einer solchen Katastrophe für die Zukunft auszuschließen, wurde nun, durch städtische Gesetzgebung fundiert, ausdrücklich der Steinbau verlangt. Die finanziellen Grundlagen waren vorhanden, und so ging man ans Werk. Wenn man sich vergegenwärtigt, was im folgenden Jahrhundert entstand und bedenkt, daß es ja nur Reste sind, die hiervon auf uns gekommen sind, verschlägt es einem fast den Atem. Bürgerstolz, umgesetzt von kreativen Baumeistern und kunstfertigen Handwerkern, wurde Architektur, eben die Backsteinarchitektur, die das Stadtbild über Jahrhunderte dominieren sollte. In voller Schönheit hiervon auch heute noch zu bewundern ist die Nikolaikirche, die, dem Schutzpatron der Seefahrer geweiht, in unmittelbarer Hafennähe liegt. Das Bauwerk, eine der mächtigsten Kathedralkirchen des Ostseeraumes, zählt mit einer Mittelschiffhöhe von 37 Metern zu den höchsten Kirchen Deutschlands überhaupt. Die Nikolaikirche ist eine Kopie von St. Marien. Sie ist

Der Wismarer Hafen mit dem Kaiserlichen Flaggschiff »König David« im Jahr 1629. Federzeichnung eines unbekannten Künstlers

in ihrer dreischiffigen Anlage mit Kapellenkranz und aus dem Achteck konstruierten Chor, ihren beiden Hallen und dem wuchtigen, aber dennoch wohlproportionierten Turm dieser täuschend ähnlich. Nach 1380 wurde mit dem Neubau begonnen. Heinrich von Bremen und Hermann von Münster leiteten in den Hauptetappen das Werk, das mit der Errichtung der drei oberen Turmgeschosse 1487 im wesentlichen abgeschlossen wurde. Im Jahr 1508 erhielt dieser, bekrönt von vier Schildgiebeln mit Rauten und Rosettendekor, einen achtseitigen Helm, der aber 1703 bei einem Orkan heruntergeweht wurde und das ganze Mittelschiff einschlug, welches erst Ende des 19. Jahrhunderts wieder gewölbt werden konnte. So bleibt uns heute nur noch die Ansicht von 1595, um dieses hochaufragende, als Seezeichen dienende Baudenkmal in seiner ursprünglichen Eleganz bewundern zu können. Erwähnung soll aber unbedingt noch der Südgiebel der einen Halle finden. Er ist überaus reich dekoriert und liefert mit Rosetten, Friesen und Blenden aus Formsteinen und Reihen von sich wiederholenden figürlichen Reliefs der Maria, des Heiligen Nikolaus sowie mit Baldachinen und Fialen, Masken, Löwen, Greifen und Skorpionen ein beeindruckendes Beispiel der Kunstfertigkeit in der Herstellung modelgepreßter, glasierter Backsteine. Ebenfalls nach einem Vorbild, dem der »Alten Schule« und somit diesen Verlust leichter werden lassend, wurde das Archidiakonat in der Mitte des 15. Jahrhunderts erbaut. Hier ins Auge fallend der nördliche Staffelgiebel mit Zinnen. Wie verlangt, an einer Hauptstraße, der nach Lübeck nämlich, liegt das Heiliggeist-Hospital. Die jetzige Saalkirche stammt aus der Mitte des 14. Jahrhunderts, nur ein Teil der Nordwand datiert noch in die Zeit der 1255 geweihten ersten Spitalkirche. Betritt man von der in die Lübsche Straße einmündenden Neustadt her hinter dem Langhaus des Spitalgebäudes den Innenhof, der im Norden und Osten von neugotischen Backsteingebäuden (jetzt Musikschule) begrenzt wird, so befindet man sich an einer der idyllischsten Stellen Wismars. Auch die Ausstattung der Kirche bietet Erlesenes. Hervorgehoben werden soll hier nur ein aus St. Marien umgesetztes Glasfenster, auf dem die »Flucht nach Ägypten« dargestellt wird und das aus der ersten Hälfte des 15. Jahrhunderts stammt sowie die bemalte Holzbalkendecke, die zwischen Akanthusdekor mit Putten Medaillons mit alttestamentarischen Szenen nach den Bibelillustrationen des Matthäus Merian zeigt. Sie entstand im Jahr 1687. Wismars Backsteinbauten zu beschreiben und den »Alten Schweden« zu vergessen, wäre undenkbar. Exponiert am Markt gelegen, ist dieses Bauwerk das Bürgerhaus Wismars schlechthin. Um 1380 entstanden, weist der Giebel mit seinen glasierten Formsteinen

einen reichen Dekor auf. Heute beherbergt das Haus wieder eine Gaststätte, die mit ihrem Namen auf eine andere, hier noch zu behandelnde Zeit hinweist.

Wenn wir uns so lange im Mittelalter aufgehalten haben, dann nicht deshalb, weil andere Epochen weniger interessant wären, sondern weil dies die Zeit ist, in welche die höchste Blüte des Gemeinwesens fällt. Wenn auch die Hanse später oft idealisiert wurde, der Entwicklungsschub, der von ihr auf dem Höhepunkt ihrer Macht ausging, wirkte sich auf viele nachfolgende Generationen fördernd aus. Auch in Wismar partizipierten Kunst und Kultur nicht unerheblich von der progressiven gesellschaftlichen Entwicklung, die die Hanse auslöste. Ab 1450 etwa macht sich jedoch ein wirtschaftlicher Niedergang bemerkbar. Ausdruck des gestiegenen Einflusses des Landesherrn ist im Stadtbild der neue Fürstenhof mit seinem reichen bildhauerischen Schmuck und der Terrakottagliederung aus der Werkstatt des Statius von Düren, den Herzog Johann Albrecht von 1553 bis 1554 an Stelle eines etwa fünfzig Jahre alten gotischen Festsaalbaus errichten ließ. Hatte man politisch auch nicht mehr das Gewicht vergangener Generationen, reich war die Oberschicht der Stadt allemal noch, hatte man doch in der Spanienfahrt einen neuen Erwerbszweig erschlossen. Dieses zu dokumentieren, ließ der Brauer, Kaufmann, Ratsherr und Bürgermeister Hinrich Schabbell »der stadt thon ehren undt zirade« von 1569 bis 1571 an der Schweinsbrücke, gegenüber der Nikolaikirche, ein großes Eckhaus im Renaissancestil erbauen. Der von ihm beauftragte Architekt war Neumecklenburger. Philipp Brandin – auch die Wasserkunst auf dem Markt entstand nach seinen Plänen – war es, der die Synthese aus kleinformatigen Backsteinen und Haustein in unserem Raum etablierte. Mitgebracht hat er diese Architekturauffassung aus seiner holländischen Heimat, in der die Riemchensteine gefertigt wurden. Da darüber hinaus auch der Sandstein, vermutlich aus Gotland, importiert werden mußte, kostete alles eine schöne Stange Geld. Schabbell mußte bis zu seinem Tod im Jahr 1600 Prozesse führen, da der Vorwurf der Unterschlagung städtischer Gelder zur Finanzierung des ehrgeizigen Projektes nicht verstummen wollte. Bewiesen oder nicht bewiesen, die ursprüngliche Absicht des gewieften und energischen Mannes, seinem Luxusanspruch zu frönen, hat uns etwas Einmaliges hinterlassen. Heute beherbergen die Mauern des nach seinem Bauherrn benannten Gebäudes das Wismarer Museum. Nebenbei bemerkt sei noch, daß ein Porträt Schabbells in der Nikolaikirche zu bewundern ist. Das älteste und eines der wenigen übrigens, das uns von den Stadtoberen alter Zeiten erhalten blieb.

Im Oktober des Jahres 1627, die Furie des später Dreißigjährig genannten Krieges ging schon fast ein Jahrzehnt durch die deutschen Lande, erschien der kaiserliche General Hans Georg von Arnim mit Truppenmacht vor Wismar und begehrte Einlaß. Wohl oder übel wurde ihm dieser am 18. des Monats gewährt. An diesem Tag verlor Wismar nicht nur seine Autonomie. Die Stadt wurde wegen ihrer strategisch günstigen Lage fast ein Jahrhundert lang zum Spielball der verschiedenen Parteien im Kampf um die Ostseeherrschaft. Was Wallenstein als zeitweiliger Herzog von Mecklenburg und »General der baltischen Meere«, der verbrieft vom 21. bis 31. Oktober 1629 in Wismar weilte und seinen von Gicht und Podagra geplagten Leib im »Schabbellhaus« zur Nachtruhe gebettet haben soll, begann, setzten die Schweden fort. Wismar, von 1648 bis 1803 unter deren Herrschaft, wurde zu einer der stärksten Seefestungen an der Ostsee ausgebaut. Zum Bau all der Zitadellen, Schanzen, Redouten und Kasematten wurden nicht nur die Wälder in weitem Umkreis abgeholzt, sondern auch die Bürger kräftig zur Kasse gebeten. Hatten diese schon unter der Auseinandersetzung mit Dänemark zu leiden, als die Stadt

Holzverladeplatz im Hafen.
Fotografie aus der Zeit vor dem Abbruch des Poeler Tores 1870

erobert und fünf Jahre besetzt wurde, begann Wismars Schrekkenszeit im Nordischen Krieg erst recht. Mehrmals belagert, schließlich ausgehungert und übergeben, war das Gemeinwesen – denn der Krieg mußte ja den Krieg ernähren – nach der Schleifung der Festungsanlagen ruiniert. Im Sommer 1718 war das Zerstörungswerk abgeschlossen. Allein zur Sprengung des großen Turmes auf der Buchtinsel Walfisch benötigte man 144 Tonnen Pulver.

Als offene Stadt für Schweden unattraktiv, im Siebenjährigen Krieg noch einmal von den Preußen tüchtig geschröpft, war Wismar am Beginn des 19. Jahrhunderts nichts weiter mehr als ein verträumtes, vergessenes Nest. Im Jahr 1807 brach das Rathaus zusammen. Der Schutthaufen blieb zehn Jahre liegen. Erst zwischen 1817 und 1819 entstand der heutige klassizistische Barcabau, in den noch viele gotische Teile, vor allem im Westflügel die Gerichtslaube des 14. Jahrhunderts, einbezogen wurden. Der Keller, eine zweischiffige, frühgotische Halle von acht Jochen, dürfte indes noch in das 13. Jahrhundert zu datieren sein. Da man sich nach der Verpfändung an Mecklenburg durch die Krone Schwedens im Jahr 1803 nicht über die Steuern einigen konnte, blieb die Stadt Zollausland, was jegliche Industrialisierungsversuche im Keim erstickte. Daran änderte auch eine zeitweilige Blüte der Segelschiffahrt – der Krimkrieg von 1853 belebte hier besonders das Geschäft – nicht viel. Die Hauptstrecke der Eisenbahn von Stettin nach Hamburg führte man an Wismar vorbei durch Bad Kleinen. Auch die Neueinrichtung eines Hafenbeckens im Jahr 1875 und dessen Ausbau nach 1893 sowie das Entstehen einiger Fabriken, wie die Podeus'schen Hobel- und Sägewerke, die gleichnamige Waggonfabrik, eine Drahtfabrik, eine Papierfabrik und eine Zuckerfabrik, am Ende des 19. Jahrhunderts brachten nur kurzzeitigen Aufschwung. Die Erweiterung der Stadt über ihre mittelalterlichen Grenzen hinaus setzte um 1870 ein. Ihr fiel die gesamte Stadtbefestigung zum Opfer. Lediglich das Wassertor am »Alten Hafen« und der Wasserturm am Lindengarten sind heute noch erhalten.

Hatte die Stadt um die Jahrhundertwende etwa 20000 Einwohner, so sind es gegenwärtig 58000. Nach dem Zweiten Weltkrieg entstand ein neuer Stadtteil bei Wendorf als Ergebnis des Aufbaus der Mathias-Thesen-Werft an der Westseite der Bucht auf ehemaligem Sumpf- und Weideland. In den siebziger und achtziger Jahren entstanden auf der »grünen Wiese« weitere Neubaugebiete. Hoffen wir, daß mit der zunehmenden Besinnung auf unser Erbe auch die Altstadt wieder mehr ins Blickfeld rückt. Erste Anfänge sind gemacht. Mit dem Wiederaufbau der Georgenkirche wird eine der Lücken geschlossen werden können, die der Krieg der »Dominante Backsteingotik« in Wismar schlug.

Dächer der Wismarer Altstadt mit Ruine von St. Georgen

Neoklassizistisches Bankhaus, Am Markt Nr. 16/17, erbaut 1914–1916

Marktplatz mit Wasserkunst, errichtet 1580–1602 nach Plänen Philipp Brandins

Gaststätte »Alter Schwede«, Am Markt Nr. 20/21, Giebel um 1380

Am Markt Nr. 13

Ostseite des Marktes mit dem »Alten Schweden« und dem »Reuterhaus«

Neogotische Hauptwache von 1857/58 an der Westseite des Marktes

Gotisches Haus, Karl-Liebknecht-Straße Nr. 8,
Giebel um 1700 verändert

Die Karl-Liebknecht-Straße nach Süden gesehen

Sargmacherstraße und Marienkirchturm

Archidiakonat bei St. Marien, gebaut um 1450

Straßenseitige Tordurchfahrt des Fürstenhofes, aufgeführt 1553–55

St. Georgen, die Kirche der Neustadt, von Nordwesten

Mittelschiff und Chor der am 14./15. April 1945 ausgebrannten Kirche

Georgenkirche von Südwesten

Innenhof des Heiliggeist-Hospitals mit Kirche und Langhaus

Heiliggeistkirche an der Lübschen Straße

Im Jahr 1933 restaurierte Giebel, Lübsche Straße Nr. 124 und 126

Häuserzeile an der Südseite der Lübschen Straße

Ausfluß der Runden Grube in den Hafen mit Gewölbe und Fischräucherei

Das von den Schweden um 1700 erbaute Zeughaus, Ulmenstraße Nr. 15

Blick vom Baumhaus auf Hafenanlagen, Speicher, Wassertor und Stadt von Nordwesten

Hafenseite des Wassertores aus dem 15. Jahrhundert, das einzige erhaltene Stadttor

Altes Seezeichen »Schwedenkopf« vor dem Baumhaus

Im Jahr 1870 vom abgetragenen Poeler Tor an die Fischerbude verbrachter Wappenstein

Speicher aus der ersten Hälfte des 18. Jahrhunderts,
Frische Grube Nr. 31

Kornspeicher im Alten Hafen

Liegeplätze der Wismarer Fischer

Blick vom Wassertor zum Baumhaus

Diele des »Schabbellhauses«, dem Wismarer Museum

»Schabbellhaus«, errichtet von 1569–1571 im holländischen Renaissancestil von Philipp Brandin für Hinrich Schabbell

Portale des »Schabbellhauses«, Schweinsbrücke Nr. 8

Jugendstilschaufassaden von 1905, Hinter dem Chor Nr. 5

Feuerwehrgebäude, Frische Grube Nr. 13, 1924–1928 nach Plänen Arthur Eulerts erbaut

Stadtseite des 1857 errichteten Bahnhofsgebäudes

Im 17. Jahrhundert einer Giebelmodernisierung unterzogene gotische Gebäude, Am Poeler Tor Nr. 1 und 3

Rosmarienstraße und Turm der Nikolaikirche von Süden

Nördliches Seitenschiff von St. Nikolai nach Westen gesehen

Der Stamm Jesse, spätgotische Wandmalerei an der südlichen Turmwand der Nikolaikirche

Hochaufragende Pfeiler des Mittelschiffes von St. Nikolai

Die Nikolaikirche im Hafenviertel überstand als einzige der drei Hauptpfarrkirchen die Luftangriffe des letzten Krieges

Löwenapotheke mit Neorenaissancegiebel, Bademutterstraße Nr. 2

Restaurierte Fassaden in der Bohrstraße

Das Karstadtstammhaus an der Ecke Lübsche/Krämerstraße, erbaut 1907–1908

Ratsapotheke, eines der wenigen gelungenen Beispiele der neogotischen »Modernisierung« eines mittelalterlichen Hauses, Am Markt Nr. 2

Wasserturm der alten Stadtmauer am Lindengarten, errichtet in der zweiten Hälfte des 15. Jahrhunderts

Marienkirchturm und Georgenruine von Süden

DIE AUTOREN

MANFRED HAMM,
geboren 1944 in Zwickau, lebt und arbeitet in Berlin als Fotograf, u.a. für deutsche und ausländische Zeitschriften und Kunstverlage. Für die Bildbände: Berlin – Denkmäler einer Industrielandschaft (1978) und Caféhäuser (1979) erhielt er jeweils den Kodak-Fotobuchpreis. Weitere Arbeiten: Bahnhöfe (1984), Berlin – Naturlandschaften, Parks und Gärten (1985), Backsteinbauten zwischen Lübeck und Stralsund (1990), Schlösser und Gärten in Potsdam (1990), Niedersachsen und Bremen – Denkmale der Industrie und Technik (1990). Alle Titel sind bei Nicolai erschienen. Für die vorliegende Reihe fotografierte er außerdem die Bände Potsdam, Tangermünde und Naumburg.

KLAUS-DIETER HOPPE,
geboren 1951 in Altentreptow, Historiker, Direktor des Stadtgeschichtlichen Museums »Schabbellhaus« in Wismar. Hauptarbeitsgebiet ist das Mittelalter und die Geschichte der Hanse. Autor zahlreicher Beiträge zu stadtgeschichtlichen und stadtarchäologischen Themen.